Nevfel Cumart

Feuerzunge

Gedichte

Grupello Verlag • Düsseldorf 2015

Dieser Band enthält eine Auswahl von 111 bislang unveröffentlichten Gedichten aus den Jahren 2013 bis 2015.

für harald und für helge,
den freund und den abi

im hinterland des halbmondes

feuerzunge

zu stein
wurde meine zunge
frage die berge
nach mir
nicht die gipfel

zu wasser
wurde meine zunge
frage die meere
nach mir
nicht die schlangen

der schnee bedeckt
die wege
frage nicht den schnee
frage die wege nach mir

zu feuer
wurde meine zunge
frage nicht die glut
frage dein herz
nach mir

hilton hotel adana

die sechs stunden schlaf im ruhigen zimmer
der besuch der verwandten am vorabend
der erfolgreiche dreh für den film
sie nützen nichts

die grüßenden gäste im garten
das monotone plätschern des brunnens
die heimische musik in der lobby
sie nützen nichts

das reiche büffet zum frühstück
der heiße mokka mittelsüß
die kurdische kellnerin mit ihrem lächeln
sie nützen nichts

die sanften sonnenstrahlen
die stumme steinbrücke
die sechs imposanten minarette
die gurrenden tauben auf dem dach
sie ahnen nichts

von den erinnerungen
die mir den blick vernebeln
mich wegzerren
in die dunkle vergangenheit
als ich an fremden brüsten
trübe milch trank
um zu überleben

zweiheimisch

der ruf des muezzin
dringt in ein ohr
das läuten der glocken
erfüllt das andere

die trockene erde
rieselt durch die finger
der schnee schmilzt
in der anderen hand

die gebete des propheten
trage ich im herzen
das kreuz jesu
auf den schultern

der rauch des kebapgrills
zieht in die nase
der duft vom gerösteten malz
gesellt sich dazu

mit einem bein
bin ich
in bamberg
in adana
mit dem anderen

es geht
so gut
es eben geht

auf den spuren

wohin gehen die sterne
wenn der morgen anbricht?
in die nächte anderer welten
um licht zu bringen

wohin gehen die stimmen
wenn wir schweigen?
in die weite einsamkeit
um das schicksal anderer zu verkünden

wohin geht die zeit
wenn wir die augen schließen?
zu den toten unter der erde
damit sie um ihr leben weinen

wohin geht die nachtigall
wenn der mond erscheint?
in dieses unsichtbare reich
zwischen gott und dem menschen

am ende des weges

ich zähle nun bis sieben
wenn es sein muß
auch bis sieben mal sieben
dann schweigen wir alle
wir alle
dann sind wir still

der läufer verharrt
spürt den boden unter den füßen
die mutter setzt das kind ab
die milch aus der brust versiegt
der augenblick ist und vergeht
der augenblick ist und vergeht
der augenblick
doch niemals derselbe

der mann mit der säge hält inne
dar baum atmet auf
niemand hält ein telefon ans ohr
der polizist steigt aus dem wagen
blickt in den himmel

wir alle schweigen
jeder in seiner sprache
spüren den schmerz zuerst
die traurigkeit später
jeder in seiner sprache

wegweiser

die äste der eiche
sind meine arme
aus ihnen schnitze ich flügel
fliege der nacht entgegen

der schnabel des wiedehopfs
ist mein mund
ich singe lieder unentwegt
ihr hört sie vielleicht
er aber versteht mich

die pfoten der katze
sind meine beine
wenn ich falle
und ich falle oft
lande ich weich

meine augen
sind die des falken
ich sehe
was ihr nicht sehen könnt
auch diesen unsichtbaren pfad
der zu ihm führt

am wegessaum

der tag
vergeht trotzdem
auch wenn
du die sonne nicht sehen kannst
auch wenn
deine dornigen träume dich quälen

werden heute nicht
menschen hingerichtet?
die eisberge
schmelzen
verlieren kinder
nicht ihre eltern?
die wälder
brennen

der tag
vergeht trotzdem
auch wenn
dein herzschlag
nicht zu hören ist
auch wenn
du den weg
zur geliebten
nicht findest

kinderleid

ich hatte fieber
meine stirn glühte
meine zunge geschwollen
kein ton
drang aus meinem mund

meine mutter
aber rührte das
rattengift

ich verbrannte
mit offenen augen

krautsand

damals schwamm ich in der elbe
spielte am sandigen ufer mit stock und stein
barfuß ohne stunde ohne minute

die ponies mit den zottigen mähnen
mutig ritt ich auf ihnen
ohne sattel ohne vater ohne mutter
der esel meines lehrers
den ich am schwanz zog
ohne bisse ohne huftritte
der erste kuß
vielleicht war es ein kuß
im gebüsch

und die kühe auf der weide
die uns milch gaben
und die gräben
über die ich sprang ohne angst
und die apfelbäume
und die birnbäume
und die pflaumenbäume
und die kastanienbäume
soweit meine augen reichten
bäume

diese halbinsel
mein paradies
meine kindheit
eine welt voller abenteuer
meine kindheit
die tage meines lebens
in denen ich gott am nächsten war

satt

die trübe milch
aus den fremden brüsten
versiegte vor langer zeit

damals
überlebte ich
satt aber
wurde ich nie

deine brüste
geliebte
sind warm und weich
sie glühen
wenn ich sie mit den fingerkuppen berühre
sie glühen
wenn ich sie umfasse
sie glühen
wenn ich sie in meinen mund nehme
sie beben
wenn meine zunge
sanft um den vorhof des paradieses kreist

deine brüste
machen mich
satt –
immer

hinterland

im hinterhof
fliegen tauben über den flachen dächern
stürzen papierdrachen in den maulbeerbaum
davor jagt der schwarze hund bellend
den hasen tief in den wald hinein

im hinterkopf
aus dem gefängnis geschmuggelte briefe
vertrocknete blätter der baumwolle
davor das rathaus mitten im wasser
die zwiebelfelder am rande der stadt

im hinterohr
der ruf des muezzins im nachtteppich
wehmütige qassiden aus märchenzeiten
davor das glockengeläut im dom
der gesang des straßenmusikers am gabelmann

im hinterland
des halbmondes
tummeln sich erinnerungen
auf dem elefantenfriedhof
der kindheit –
welcher weg führt heraus
aus dem labyrinth?

entzug

vierter tag
in neu delhi
der fünfte ohne zigarette
der trockene mund
das brennen in der kehle
die schweißperlen auf der stirn
das pochen in den schläfen
meine gierigen begleiter
auf der lauer

der zeitverschiebung
sei dank
den dieselschwaden
die den atem rauben
den hupkonzerten
sei dank
dem staubigen wind
der menschenmenge
die mich mit sich reißt
sei dank –
      der schmerz
      in der brust pocht
      weit hinten nur
      ist kaum zu spüren
      ein unsichtbarer beschatter

die augen geschlossen

zwei kinder
suchten sich
ich fürchtete mich

zwei kinder
rannten umher
ein hund folgte ihnen

zwei kinder
spielten miteinander
vögel kreisten über ihnen

zwei kinder
suchten sich
das eine war
die nacht
der tag
das andere

ich wachte auf
voller staunen

gebetsruf

so viele nächte schon vergangen
noch immer keine nachricht von dir

bist du in den bergen
oder jenseits der gipfel
bist du in den meeren
oder jenseits der wellen
bist du in den städten
oder jenseits der häuser?

so viele nächte schon vergangen
noch immer warte ich
auf eine nachricht von dir

das blut fließt
mühsam durch die adern
die brieftauben sind müde
sie fliegen nicht mehr auf
so schicke ich dir
dieses gedicht
ist ein hilferuf
ist ein liebesruf

dieses gedicht
ist ein gebetsruf

anwandlungen

früher flogen
die worte mir entgegen
flatterten auf
sobald ich in ihre nähe kam
setzten sich auf meine haare
schmiegten sich an mich
verschmolzen mit mir
trugen mich davon
mit ihren nachtflügeln

heute verstecken
sie sich vor mir
kauern hinter dem felsen
halten die luft an
untern den wellen
kriechen in das fell des wolfes
wechseln ihre farbe
auf den ästen
wie ein chamäleon –
      sie fliehen
      die worte
      vor mir
      sie fliehen die worte
           vor meinem mund
                fliehen vor meiner feder
                    die worte

über den dichter X

schließt der dichter die augen
ist es nacht
öffnet der dichter die augen
ist es tag

von wem er auch kommt
von vater mutter tochter sohn
der schmerz
erreicht den dichter

über den dichter XI

die sehnsucht
ist ein geschenk
des dichters
für die liebenden

von laila und madschnun
rumi und schamsuddin
bis hin zu romeo und julia
besingt der dichter die liebenden

über den dichter XII

ob tag oder nacht
ob sommer oder winter
das feuer erlöscht nie
im herzen des dichters

ihr steht auf geht zur arbeit
kommt heim geht ins bett
wacht auf geht zur arbeit –
der dichter schreibt

über den dichter XIII

die macht blendet den dichter nicht
der tod erschreckt ihn nicht
die angst lähmt ihn nicht –
liebe fließt durch seine feder

mit worten meißelt
der dichter
licht
in die kahle wand

über den dichter XIV

wann der tod
zu wem kommt
erfährt der dichter
noch vor dem morgen

unter den flügeln
der nacht
entdeckt der dichter
die schlafenden worte

über den dichter XV

am anfang beteten sie die sonne an
später entdeckten sie gott
die menschen auf ihrer suche
fanden schließlich zum dichter

sparsam mit dem wasser
sind die menschen
sparsam mit den worten
ist der dichter

in den mondbeglänzten nächten

zigeunerleben

eine frau in schmutziger hose
darüber ein rock in grellen farben
ihr gesicht hager die haut dunkel
um sie herum drei kinder
mit wild zerzausten haaren
auf ihren schultern ein großer karton –
        lade deine last ab
        ich gebe dir brot dafür

auf dem zertretenen rasen
breitet sie eine decke aus
holt ihr hab und gut aus dem karton
gürtel strümpfe taschentücher feuerzeuge
geldbörsen sonnenbrillen plastikpüppchen
ein bündel bunter luftballons –
        lade deine träume ab
        ich gebe dir zwiebeln dafür

sie blickt ängstlich in alle richtungen
während die sonne sorglos untergeht
auf ihrem schoß die kleine tochter
im schlaf vom hunger erlöst
menschen flanieren umher
familienlachen an der uferpromenade
am späten abend einige münzen für die nacht –
        lade deine hoffnungen ab
        ich gebe dir wasser dafür

mit henna an den fingern

das eichhörnchen
sammelt nüsse
springt von baum zu baum
sucht unentwegt
damit der schnee kommen kann

ich
sammle träume
lauere ihnen auf
in den mondbeglänzten nächten
von stunde zu stunde
gieße sie dann in verse
damit der morgen kommen kann

nach der trennung

laß dich nicht täuschen
die sonne ist immer da
hinter dem nebel
hinter den wolken
hinter dem schleier
deiner augen
herrscht die stille der sonne

laß dich nicht täuschen
von dem wind
den wellen
von der gischt
auf dem gesicht des meeres
in seiner tiefe auch
herrscht die stille der sonne

camp de mar

auf dem braunen felsen
ein restaurant
in der bucht
ein segelboot vor anker
eine gelbe boje
lautlos
eine möwe gleitet
über das wasser
keine wellen zu sehen
bald ist es sechs uhr am morgen

ich möchte das segelboot sein
könnte in die ferne segeln
möchte die boje sein
würde auf die sonne warten
möchte die möwe sein
würde mich auf fische stürzen
möchte der fels sein
würde den wellen standhalten

das meer müßte man sein
mit seinen wellen
den fischen dem segelboot der boje
und der weite
bis zum horizont

opferplatz

fern von feder und papier
inmitten der angst
vor den kreischenden gedanken
verschwimmen die bilder

die vögel verstummen
die wegmarken des schmerzes
bleiben zurück
erst eine dann zwei drei vier
wie die perlen einer gebetskette
führen sie zum blutigen platz
neben der nische und bastmatte

das opferlamm
mit henna getränkt
seine vorderhufe
weicht der klinge aus
sträubt sich zu verbluten
in der nacht
während die rohrflöte klagt
über das leid der trennung

was erlaubt ist

schläge in bauch und gesicht
am besten mit der flachen hand
um möglichst wenige spuren zu hinterlassen
doch vorher ringe oder anderen schmuck abnehmen

schlafentzug
angekettet in stehender haltung
bis zu elf nächte in folge
auch in kombination
mit lauter musik bis zu 78 dezibel

streß-stehen
dabei die hände
an die decke gekettet
mit windeln versehen
aus hygienischen gründen
streß-faktor steigern bis zu einer woche

einsperren auf engem raum
dunkel und möglichst kalt
dabei sitz- und liegemöglichkeiten ausschließen
verwirrung der sinne bei extremer anwendung

wand-stehen
ein bis eineinhalb meter
von der wand
nur mit den fingern abstützen
maximal eine stunde

smashing
schnelles und heftiges stoßen
gegen eine biegsame wand
dabei sollten kopf und nacken
durch ein tuch geschützt werden

einsperren in eine kiste
mit stechenden insekten darin
bis zu 24 stunden durchgehend

aufhängen über kopf
bis zu drei stunden
auch mit kapuze
führt zur erschwerung der atmung

scheinhinrichtungen
am galgen oder per kopfschuß
bervorzugt am frühen morgen
oder in der nacht
bis zu drei mal in der woche

waterboarding
simuliertes ertrinken
auf dem rücken liegend
mit einem schwarzen tuch auf dem gesicht
ruhig drei mal hintereinander
maximal sechs mal die stunde
an fünf tagen in der woche

entzug von festen nahrungsmitteln
auf unbegrenzte zeit
dabei die flüssige nahrung
möglichst unappetitlich
erscheinen lassen

und noch ein hinweis
an alle verantwortlichen:
bei offensichtlichen symptomen
sollte nur medizinisches personal
der cia hinzugezogen werden
um das ziel nicht zu gefährden
den gefangenen
an den rand des todes zu führen –
und wieder zurück

zu schatten werden

mit welchen augen sehe ich?
ist dieser baum ein baum?
diese ameise eine ameise
und dieser vogel
und diese katze?
sind das meine augen herr?

mit wessen ohren höre ich?
weint das kind oder die mutter
schreit der vater
ächzt der stein in der hitze
ist das ein gebetsruf?

diese hände
dieser mund
diese füße
wem gehören sie herr?

von den sternen am himmel
bis zu den fischen im wasser
stille
vom scheitel bis zur sohle
eins werden –
welchen preis willst du dafür herr?

verkehrte welt

früher putschte das militär
gegen die türkische regierung
von langer hand geplant
blutig über nacht
die armee herrschte über das land
schlug gegen die linken wie die rechten
verbannte politiker aller parteien
ließ die gefängnisse überquellen
die menschen gingen auf die straßen
und demonstrierten –
             gegen die generäle

heute putscht die regierung
gegen das türkische militär
zwar von langer hand geplant
aber nicht blutig über nacht
sondern mit der macht der justiz
allein 326 generäle und offiziere
werden in einem prozeß verurteilt
fadenscheinig die anklagen
willkürlich das strafmaß
die menschen gehen
wieder auf die straßen
und demonstrieren –
             für die generäle

haus des gefährten

wer hat sie herbeigeführt
die trennung von der feder?
war er blind?
trug er denn
kein herz in der brust?

wer hat das röhricht geschnitten
die flöte zum klagen gebracht?

wer hat den fisch
an land gezogen?
vom meer getrennt
ringt er nach luft

wann lichtet
sich der schleier
wann erlöscht
die flamme der kerze?

wann bin ich
nicht mehr ich
sondern du?

demokratie islamisch

gamal abdul nassar
stieß den könig vom thron
ließ die muslimbrüder verhaften
sayyid qutb hinrichten
verweigerte wahlen
ließ gefangene foltern –
      er nannte es demokratie

schah reza pahlawi
bestieg den pfauenthron mit gewalt
ließ den schleier abschaffen
rief die amerikaner ins land
herrschte über einen spitzelapparat
ließ oppositionelle foltern –
      er nannte es demokratie

hafiz al-assad
schloß einen pakt mit dem militär
übernahm die verfassung der ddr
trieb sein land in die isolation
ließ die christen verfolgen
sie und andere in den kerkern foltern –
      er nannte es demokratie

neues leben

ich werde nicht sterben –
in dieser nacht
voller sterne
gehe ich erneut
auf die jagd
im mondlicht

werde sie fangen
mit blanken händen
die träume gottes

nepal

die spürhunde
suchen überlebende
unter den trümmern

sie können
den geruch
von toten
unterscheiden
von dem
der lebenden

wie wenige
menschen
doch
dazu fähig sind
wie wenige

meine meister

vier dichter
liebe ich am meisten:
den berg
den baum
das meer
den stern

von gestern bis morgen

mit glatter haut
im gesicht
stiegen sie hinab
in die kohlegruben

kamen herauf
später
rußgeschwärzt
die haare
der bart
schneeweiß
trotzdem

die stimme unter der erde

ich trat
aus dem wald
ließ zurück
wolf
schlange
rind
ameise

mein mund ohne zunge
meine augen ohne licht
meine lunge ohne luft

wo
werden
mich die
vierzig vögel finden?

in der kneipe

die nacht
wollte er trinken

schenk ein
bat er
immerzu
schenk ein

sie verstanden
ihn nicht

brachten ihm
wein
immerzu
wein
bis er
weinte

bettler

eine hand voll
zwiebel schenke mir
ich möchte satt werden
ein wenig

eine schüssel voll
wasser schenke mir
ich möchte den durst stillen

einen satz voll
worte schenke mir
ich möchte das schweigen vergessen

ein wenig
nacht schenke mir
ich möchte schlafen
ein wenig

die spuren der usa

überall
haben sie
spuren
ihrer macht
hinterlassen:

japan
vietnam
korea
laos
kambodscha
persien
chile
nicaragua
irak
afghanistan
haiti

überall hin
haben sie
den tod
gebracht
und
dabei
freiheit
und frieden
verkündet

über den dichter XVI

eine welt ohne das mammut
ist arm
eine welt ohne den dichter
ist trostlos

die meere verstummten
die vögel schwiegen
ein stern fiel vom himmel
als der dichter auf die welt kam

über den dichter XVII

die wünsche sind die köder
die träume der lockvogel
für die verse
des dichters

am tag die sonne
der mond in der nacht
bezeugen die worte
des dichters

über den dichter XVIII

im mystischen tanz
webt aus silben
der dichter die verse
in der nacht

die wälder die höhle die fernen klänge
die abenteuer des kindes
vor der geburt
beschreiben die verse des dichters

über den dichter XIX

so wie der atem
atmet ohne sein zutun
so fließen die worte
in die feder des dichters

die verse des dichters
reichen weit und weiter
dringen sogar durch den schleier
gelangen bis zum geliebten

über den dichter XX

sterne sammelt
der dichter mit worten
spendet uns licht
in den nächten

besingt der dichter
die liebe
ist der schöpfer
ihm näher als seine halsschlagader

über den dichter XXI

ist der dichter
im schlaf
singen die vögel weiter
die lieder von liebe tod und gott

wenn die milch
aus den brüsten der mutter fließt
wenn in der nacht das kind schläft
wird sichtbar der weg für den dichter

wo die liebe wohnt

colombo 26. dezember 2012

die farben blättern ab
vom tuc-tuc
vom bus
vom taxi
erst rot dann blau dann grün
zurück bleibt der rost

wer sich bis zum wasser wagt
hört das rauschen des meeres
am todestag

der staub legt sich
auf den asphalt
auf die blätter
auf die schädel
der hageren kühe –
bedeckt die erinnerungen
an die todeswelle

ein flüstern legt sich
über die insel
am todestag
ein teppich aus gebeten
reicht vom verminten hinterland
bis in das stickige herz der stadt
bedeckt die gräber
von fünfunddreißigtausend opfern

aufforderung

komm
sagte sie
    ich kam

küß
sagte sie
    ich küßte

lieb
sagte sie
    ich liebte

schlaf
sagte sie
    ich schlief

geh
sagte sie
    ich blieb –
        in meinen träumen

zweiundzwanzig uhr dreißig

die wände schweigen
unter dem türspalt hindurch
kriechen wortfetzen von gestern
mit ihnen verschüttete traumbilder
legen sich sanft auf mein bett

die kissen schweigen
ich zerre erinnerungen
aus dem hinterkopf
in die finsternis meines zimmers
tränke sie mit sehnsucht

das telefon schweigt
das atmen der bücher
in den regalen
lindert meine einsamkeit nicht
schreckt die minuten
vertreibt die stunden
nicht

denn
wenn ich deine stimme
nicht höre
findet die nacht
kein ende

mit eigenen händen

ich hänge
die sterne in den himmel
damit meine füße
den weg finden zu dir

ich hänge
den mond in den himmel
um dein gesicht zu sehen

und
ist die nacht
zu hell
verstecke ich
dich
in meinen augen

wo die liebe wohnt

in deinen augen
scharen sich die bilder
aus der vergangenheit

die kurzen momente
des heimlichen glücks
die nächtlichen schritte
ohne atem schwer

die worte der vernunft
vergeblich
gescheitert kläglich
weil unerträglich
als die liebe
ihren weg suchte
umherschwirrte
sich verirrte
uns verwirrte

in deinen augen
kein zurück
nur blau
denn wo die liebe wohnt
ist kein raum für zweifel

halbe finsternis

der nachthimmel
paßte nicht
in deine augen

ein auge nah
fern das andere
dazwischen trauer

der schmerz
floß in deine augen
das licht der sterne erlosch

die toten
fanden keinen raum
in deinen augen

was zu hören ist in der nacht

der mond
stieg herab in der nacht
glitt langsam zu uns
fragte leise
wer von euch ist hungrig
ich schwieg verschämt
meine tochter sagte:
ich habe hunger

der mond
stieg herab in der nacht
glitt über die felder
hörte die klagelieder
in der ferne
ein rind sagte:
ich habe hunger

der mond
stieg herab in der nacht
glitt bis zum erdigen platz
im dorf
ließ sich unter der platane nieder
wartete geduldig in der nacht
eine ameise sagte:
ich habe hunger

amelias abneigungen

ich war nicht darauf vorbereitet
daß meine kleine honigblume
mit ihren sieben jahren und fünf monaten
schon so viele abneigungen haben würde

zähne putzen mag sie nicht
das gesicht waschen
die haare bürsten ebenso wenig
die hausschuhe zieht sie nie an
die kleidung die ihre mutter
für sie bereit legt
lehnt sie jedes mal kategorisch ab
das unterhemd steckt sie nie in die hose
ihr zimmer mag sie nie aufräumen
das bett mag sie nie machen
die jalousien nie hochziehen am morgen

zur schule geht sie gern – gottseidank
doch hausaufgaben mag sie nicht
minusaufgaben mit zehnerübergang haßt sie
und üben am nachmittag:
kannst du vergessen!
rosinen ißt sie nicht
tomaten in warmen speisen auch nicht
dafür liebt sie kloß mit soß
und die bratkartoffeln von oma helga –
welch ein trost

amelia am 26. dezember 2005

9.56 uhr
auf die minute genau vor einem jahr
riß der tsunami meine kleine tochter
fast in den tod

mit ihren vier jahren und zehn monaten
hat meine kleine honigblume
kein gefühl für jahrestage
sie wundert sich über meine anspannung
wundert sich wie fest ich ihre hand halte
als ich sie in den kinderclub bringe
im nirvana garden resort auf bintan

wieder eine insel wieder strand
mangroven wieder
in denen meine wüstenakazie und ich eine höhle bauen
an den ort des schreckens
haben wir uns noch nicht getraut
doch wir werden zurückkehren
um abschied zu nehmen
um die toten zu ehren
um uns mit dem meer zu versöhnen
und vielleicht
finden wir auch heraus
wer meiner kleinen tochter
das leben gerettet hat

amelias erster auftritt

das korn
heißt das erste gedicht
das meine tochter
die kleine honigblume
im kindergarten auswendig gelernt hat
zum erntedankfest

kaum ist sie daheim
am nachmittag
schließt sie sich in ihr zimmer ein
und übt und übt und übt
dann kommt sie herunter
ruft mich drängend
ins wohnzimmer
stellt sich vor mich hin
wippt unruhig hin und her
mit ihren drei jahren und neun monaten
liegt ein heiliger ernst
auf ihrem gesicht
mit den roten wangen
vor lauter aufregung

papa papa hör jetzt mal zu
ich höre mein schatz
so – jetzt hör zu:
das korn –
danach schweigen
sie zappelt von einem fuß auf den anderen
richtet ihren blick an die decke
fährt mit der zunge über ihre lippen
schaut mich an
warte… warte… gleich papa
ich warte mein schatz
so – jetzt hör zu:

das korn –
danach wieder schweigen
wieder zappeln bei ihr
bei mir wieder warten
geduldig sein
bangen um den ersten auftritt
meiner kleinen wüstenakazie

nach einer ewigkeit
schließlich scheint sie
am ende angelangt zu sein
ihre augen leuchten plötzlich auf
ihr gesicht strahlt
der knoten platzt
heraus sprudelt aus ihrem mund:
     die mutter schmiert butter drauf
     und wir essen alles auf

fertig!

amelias wutausbrüche

niemand hatte mich davor gewarnt
daß ich irgendwann ständig
solche sätze hören würde
von meiner kleinen tochter:
ist mir doch egal
pech gehabt
laß mich in ruhe
ich will das aber nicht
das ist echt nicht witzig

niemand hatte mich darauf vorbereitet
daß meine kleine honigblume
mit ihren sieben jahren und neun monaten
so viele vernichtende blicke aussenden würde
so wütend mit den füßen aufstampfen
so laut jammern und schreien
ihre zimmertür so heftig zuschlagen würde

ist das ihr wahres wesen
mein gott?
wird das je wieder anders werden?
oder ist das die pubertät?
wenn nicht
was mag noch alles auf uns zukommen?

an meine tochter I

von den
364 nächten
des vergangenen jahres
hast du drei
bei mir verbracht

361 sätze genügen nicht
um zu beschreiben
wie sehr du mir
in den
anderen nächten
ohne sterne
ohne mond
ohne schlaf
      gefehlt hast

an meine tochter II

selbst die fremde schülerin
in meiner schreibwerkstatt
erzählt mir
im laufe eines vormittags
mehr über sich und ihr leben
als du
in den vergangenen
zwölf monaten

selbst
fremde worte
finden kinderleicht
meinen schmerz
über dein schweigen

an meine tochter III

seit 476 tagen schon
darf ich dich nicht
in meine arme nehmen

ich weiß nicht mehr
wie dein hals riecht

ich weiß nicht mehr
wie deine wangen schmecken

ich weiß nicht mehr
wie dein dreizehn jahre alter rücken sich anfühlt

ich bin
nur umgezogen
meine tochter
luftlinie
keine fünf kilometer
du aber
hast mich
verlassen

an meine tochter IV

heute
hast du geburtstag
meine honigblume

früher
habe ich gedichte geschrieben für dich
habe dich besungen
deine haare deine augen
die worte aus deinem munde
habe den duft deiner haut
in fernen hotelzimmern gerochen
habe nach worten gesucht
für meine liebe zu dir

heute
hast du geburtstag
meine wüstenakazie

früher
habe ich eine feier für dich vorbereitet
habe deine geschenke im haus versteckt
kleine überraschungen für deine gäste gekauft
habe für euch spiele ausgedacht
zaubertricks vorgeführt
habe gekocht für euch
euch fotografiert und gefilmt

heute
hast du geburtstag
meine tochter
und ich weiß nicht wo du bist
ich weiß nicht wer bei dir ist
ich weiß nicht was du machst
ich weiß nicht wie es dir geht
ich weiß nur
daß du vierzehn jahre alt wirst

74

nachtgedanken an amelia

als ich von dir träume
und die luft knapp wird
in meiner lunge
wache ich auf in der nacht

vor einem jahr
hätte ein blick genügt
in dein zimmer
du wärst im schlaf gewesen
ich hätte deinem atem gelauscht
wäre beruhigt gewesen
doch heute nacht weiß ich nicht
wo du bist
wo du schläfst
genauso wenig wie letzte nacht
und die nacht davor und die davor

korfu
hast du geschrieben in der sms
korfu ist groß meine honigblume
millionen olivenbäume
unzählige buchten
unzählige hotels
an einige kann ich mich erinnern
an die wege dorthin auch

ich weiß nicht wo du bist
heute nacht
weiß nicht wo du schläfst
heute nacht
ich weiß nicht wohin
ich meine gedanken schicken soll
meine tochter
fort von
meiner finsteren insel

über den dichter XXII

der dichter streift durch das alphabet
streichelt das a und das b
verbrennt sich die finger
noch vor dem c

wenig essen wenig trinken
nicht sprechen nicht schlafen
sind vor dem schreiben
die übungen des dichters

über den dichter XXIII

er ist einer
ihm gleicht keiner
waren die ersten
worte des dichters

tauben
mit nachtflügeln sind die
verse
des dichters

über den dichter XXIV

die sterne der mond
der vogel die ameise
selbst die wurzeln des baumes
erzählen ihre geschichten dem dichter

das wort des dichters
wiegt am schwersten
an den grabsteinen
der kinder

über den dichter XXV

wenn die nacht ihre flügel
über den tag streift
fliehen die ängste
in die feder des dichters

der steile pfad
zu dem einen dem keiner gleicht
führt durch die verse
des dichters

über den dichter XXVI

die träume gottes fallen
nicht auf die erde
der dichter fängt sie auf
mit seinen versen

das atmen des steins
die klage der rohrflöte
die sehnsucht nach dem göttlichen geliebten
lassen den dichter schreiben

über den dichter XXVII

die worte schlafen
der dichter weckt sie
wenn er sie schreibt
wenn er sie liest

wie viele schritte
aus der hölle
wie viele schritte in das paradies führen
steht in den versen des dichters

deine müdigkeit trinken

feuer

dich in meine arme nehmen
deine müden augen küssen
während ein sternenregen
auf deine haare rieselt

dich in meine arme nehmen
deine müden wangen küssen
während das mondlicht
auf deine haare fällt

dich in meine arme nehmen
deine müden lippen küssen
und
ohne daß
die nachtstunden es bemerken
ohne daß
die sterne es bemerken
deine müdigkeit trinken
in tiefen zügen trinken
und mit jedem schluck
spüren
wie das feuer
sich in deinem körper ausbreitet

aussichtslos

meine lippen fest
auf deinen lippen

dein atem
sucht meinen

mein herzschlag
folgt deinem

so sehr waren wir vereint
die nacht
fand keinen weg
in deinen mund

canim

ich höre deine sorgen
erzähle dir märchen
ich fange deine träume
kämme sie
mit wortbürsten
in der sprache
meiner vorfahren

ich trage deine last
erzähle dir märchen
ich fange deine erinnerungen
wasche sie mit der blanken hand
wie die schamanen
unter meinen vorfahren

dann
fange ich
sie auf
träne
      für träne
         für träne

wie kann uns
das leben trennen
wenn doch
unser atem vereint ist?

binaz I

für dich die sonne
für mich der wind

von dir die sterne
von mir der mond

für mich die tränen
für dich das lachen

von mir die küsse
von dir das schweigen

für uns die nacht

binaz II

verrate niemandem
geliebte
die stelle
an deinem hals
die nur ich kenne
gleich unter deinem rechten ohr
die nur ich berühre
an der ich
nur zu riechen brauche
um trunken zu werden

verrate niemandem
geliebte
den sanften hügel
über deinem schoß
den ich nur zu küssen brauche
um trunken zu werden

verrate niemandem
geliebte
daß ich weder brot
noch wasser brauche
deine brüste genügen mir
um satt zu werden

binaz III

das blau
in deinen augen
zieht auch die vögel an
geliebte
sie wollen in den himmel
aufsteigen

deine augenbrauen
verscheuchen sie rechtzeitig

mich aber
können sie nicht
aufhalten

binaz IV

am morgen
die taube
auf dem dach

die elster
im kirschbaum

die katze des nachbarn
im garten
geliebte

was sage ich ihnen
wenn sie mich
nach deinen träumen
fragen?

binaz V

glaube ihnen
kein wort
geliebte

niemand kann
die farben deiner augen
besser lesen als ich

niemand kann
das rot deiner lippen
besser schmecken als ich

niemand kann
die knospen deiner brüste
besser küssen als ich

binaz VI

der mond
ist mein zeuge
geliebte
ich schwöre es
bei der morgendämmerung

zuerst wollte ich
nur reden
und deinen worten lauschen

doch der duft
deiner haut
betörte mich
das blau
deiner augen
entführte mich

wie konnte ich
deinen früchten widerstehen?

binaz VII

deine haut
geliebte
schmeckt besser
als nektarinen
duftet besser
als rosen

so viele
geschichten
lese ich auf deiner haut –
ein nachtbuch
für meine finger

deine haut
geliebte
ist sogar
weicher als
meine worte

binaz VIII

ich will
daß deine augen
wie sterne glänzen

ich will
daß deine lippen
wie rosen aussehen

ich will
daß deine brüste
nach milch schmecken

ich will
daß dein schoß
nach liebe riecht

damit
die nacht
nicht endet

binaz IX

vor einiger zeit
erschien der tod
in meinem traum
rief mich zu sich

ich erzählte ihm
von deinen augen
geliebte
von deinen lippen
und deinem schoß

seitdem
erschien er mir
nie wieder

binaz X

manchmal war mir kalt
manchmal war mir heiß

zuweilen quälten mich die träume
zuweilen suchte ich den schlaf

oft hatte ich hunger
oft hatte ich durst
geliebte

jedes mal
genügten mir
deine brüste

binaz XI

auf meinen lippen
die wärme deiner küsse
von letzter nacht

auf meiner brust
der duft deiner haut

an meinen fingern
der nektar
aus deinem schoß

die zeit
blieb stehen
geliebte
am himmel
immer noch
die wolke
von gestern

binaz XII

deine haut
auf meiner haut
deine lippen
auf meinen lippen
dein atem
in meinem atem

der mond alleine weiß
wie schwer es ist
geliebte
dich loszulassen
am morgen
und
durch den tag
zu kommen
ohne dich

binaz XIII

du lagst
auf dem rücken
letzte nacht
nackt
dein atem
kaum hörbar

ich verscheuchte
die träume leise
stand auf leise
zog die jalousien hoch leise
öffnete das fenster leise

damit auch
mond und sterne
dich bewundern

binaz XIV

zwei namen
gibt es für dich
geliebte

einen für die anderen
einen für mich

einen für den tag
einen für die nacht

binaz XV

am tag
schweige ich
in der sprache dieses landes

in der nacht
liebe ich dich
in der sprache
meiner vorfahren

deine brüste
kennen diese worte
geliebte

deine lippen
schmecken sie

deinen ohren
gefallen sie
ohne zu verstehen

binaz XVI

dein kopf
auf meiner brust
du liegst auf meinem arm
geliebte

dein bein
auf meinem schoß
dein atem kitzelt
meine haare

ich wache
heute nacht
lasse nur
die weißen träume zu dir
damit die sonne
ihren weg findet

binaz XVII

ich bedecke
deine augen mit küssen
deine lippen mit küssen
deinen hals mit küssen

so gut
kennt mich dein körper
geliebte

voller ungeduld
wartet dein schoß
auf meine lippen

binaz XVIII

letzte nacht
kam dein
schlafwarmer körper
zu mir

du umschlangst mich
ich verstand
die traumwörter
aus deinem mund nicht

lautlos
küsste ich
die bösen träume
aus deinem haar

binaz XIX

ich vergaß
meinen namen
vergaß die zeit

ich vergaß
die nacht
vergaß den mond
die sterne

so versunken war ich
in deinem schoß

binaz XX

in der sprache
meiner vorfahren

gibt es
drei namen
für die liebe

einen für deine augen
einen für deine lippen
einen für deinen schoß

binaz XXI

die sonne hat
ihre zeit
der mond hat
das seine

der tag
hat seine sprache
die nacht
hat die ihre

unsere liebe
kommt ohne
sprache aus

binaz XXII

wir verloren
die stunden und minuten

wir verloren
den wind und das feuer

wir verloren
den mond und die nacht
geliebte

so lautlos
waren unsere liebkosungen
daß sich die leuchtkäfer
auf unsere füße niederließen

binaz XXIII

die elster schläft
die katze schläft
das eichhörnchen schläft

aber was ist
mit den sternen
geliebte
was mit dem mond?

ich ziehe
die gardinen zu
in diesem raum
nur nacht du und ich

niemand soll sehen
wie ich in deinen schoß eintauche

Inhalt:

im hinterland des halbmondes

feuerzunge	7
hilton hotel adana	8
zweiheimisch	9
auf den spuren	10
am ende des weges	11
wegweiser	12
am wegessaum	13
kinderleid	14
krautsand	15
satt	16
hinterland	17
entzug	18
die augen geschlossen	19
gebetsruf	20
anwandlungen	21
über den dichter X	22
über den dichter XI	23
über den dichter XII	24
über den dichter XIII	25
über den dichter XIV	26
über den dichter XV	27

in den mondbeglänzten nächten

zigeunerleben	31
mit henna an den fingern	32
nach der trennung	33
camp de mar	34
opferplatz	35
was erlaubt ist	36
zu schatten werden	38
verkehrte welt	39
haus des gefährten	40
demokratie islamisch	41

neues leben   42
nepal   43
meine meister   44
von gestern bis morgen   45
die stimme unter der erde   46
in der kneipe   47
bettler   48
die spuren der usa   49
über den dichter XVI   50
über den dichter XVII   51
über den dichter XVIII   52
über den dichter XIX   53
über den dichter XX   54
über den dichter XXI   55

wo die liebe wohnt

colombo 26. dezember 2012   59
aufforderung   60
zweiundzwanzig uhr dreißig   61
mit eigenen händen   62
wo die liebe wohnt   63
halbe finsternis   64
was zu hören ist in der nacht   65
amelias abneigungen   66
amelia am 26. dezember 2005   67
amelias erster auftritt   68
amelias wutausbrüche   70
an meine tochter I   71
an meine tochter II   72
an meine tochter III   73
an meine tochter IV   74
nachtgedanken an amelia   75
über den dichter XXII   76
über den dichter XXIII   77
über den dichter XXIV   78

über den dichter XXV   79
über den dichter XXVI   80
über den dichter XXVII   81

deine müdigkeit trinken

feuer   85
aussichtslos   86
canim   87
binaz I   88
binaz II   89
binaz III   90
binaz IV   91
binaz V   92
binaz VI   93
binaz VII   94
binaz VIII   95
binaz IX   96
binaz X   97
binaz XI   98
binaz XII   99
binaz XIII   100
binaz XIV   101
binaz XV   102
binaz XVI   103
binaz XVII   104
binaz XVIII   105
binaz XIX   106
binaz XX   107
binaz XXI   108
binaz XXII   109
binaz XXIII   110

Die Deutsche Bibliothek - CIP-Einheitsaufnahme

Cumart, Nevfel:
Feuerzunge: Gedichte /
Nevfel Cumart. - 1. Aufl. - Düsseldorf: Grupello, 2015.
ISBN 978-3-89978-250-9 (Engl. Broschur)

1. Auflage 2015

© by Grupello Verlag
Schwerinstr. 55 • 40476 Düsseldorf
Tel. 0211 / 491 25 58 • Fax 0211 / 498 01 83
Einbandgestaltung: Matthias Vaskovics
Umschlagbild: www.shutterstock.com – Eky Studio
Autorenfoto: Helmut Ölschlegel
Druck: Rosch-Druck, Scheßlitz
Alle Rechte vorbehalten

www.cumart.de • **www.grupello.de**

ISBN 978-3-89978-250-9